Teste seus conhecimentos sobre o Espiritismo de forma divertida

boa nova
editora

QUIZ
ESPÍRITA

36 Desafios - 300 Perguntas - Caça Palavras

Teste de Memória - Palavras Cruzadas - Labirinto - Jogos

Elaborado por Luis Hu Rivas

2ª edição
Do 3º ao 6º milheiro
3.000 exemplares
Janeiro/2015

© 2014 - 2015 by Boa Nova Editora

Capa
Luis Hu Rivas

Diagramação
Luis Hu Rivas
Juliana Mollinari

Revisão
Maria Carolina Rocha

Coordenação Editorial
Ronaldo A. Sperdutti

O produto da venda desta obra é destinado à
manutenção das atividades assistenciais da Sociedade
Espírita Boa Nova, de Catanduva, SP.

1ª edição: Outubro de 2014 - 3.000 exemplares

Dados Internacionais de Catalogação na Publicação (CIP)
(Câmara Brasileira do Livro, SP, Brasil)

Hu Rivas, Luis
    Quiz espírita / Luis Hu Rivas. -- Catanduva, SP :
Boa Nova Editora, 2014.

    ISBN 978-85-8353-019-0

    1. Espiritismo 2. Perguntas e respostas
I. Título.

14-10568   CDD-133.9013

Índices para catálogo sistemático:

1. Mundo espiritual : Espiritismo : Perguntas e
      respostas   133.9013

Sumário

Teste

1	Allan Kardec	4
2	Chico Xavier	5
3	Emmanuel	6
4	André Luiz	7
5	Joanna de Ângelis	8
6	Divaldo Franco	9
7	Lugares	10
8	Datas	11
9	Personagens 1	12
10	Personagens 2	13
11	Curiosidades	14
12	Conceitos	15
13	Filmes 1	16
14	Filmes 2	17
15	Ciências	18
16	Espíritos	19
17	Autores 1	20
18	Autores 2	21
19	Palavras Cruzadas	22
20	Livros 1	24
21	Livros 2	25
22	Frases 1	25
23	Frases 2	27
24	O Livro dos Espíritos 1	28
25	O Livro dos Espíritos 2	29
26	O Livro dos Médiuns	30
27	O Evangelho segundo o Espiritismo	31
28	O Céu e o Inferno	32
29	A Gênese	33
30	Caça Palavras	34
31	Psicografia Especular	35
32	Pintura Mediúnica	36
33	Biblioteca	38
34	Teste de Memória	39
35	Labirinto	41
36	Quebra-cabeças	41
	Respostas	42

Bem-vindo ao Quiz Espírita!
Temos certeza de que você vai gostar dos testes e desafios elaborados.
Os 36 testes abrangem diversas áreas do conhecimento espírita e podem ser realizados de forma individual ou em grupo.
Confira os itens no sumário.
Estude bastante e bom Quiz!

 Teste : QUIZ

 Teste : DESAFIOS

As respostas estão na última página.

Allan Kardec

1 Em qual cidade nasceu Allan Kardec?
a) Yverdon
b) Paris
c) Bordeux
d) Lyon

2 Em qual cidade desencarnou Allan Kardec?
a) Lyon
b) Bordeux
c) Paris
d) Yverdon

3 Qual é o verdadeiro nome de Allan Kardec?
a) Gabriel Delanne
b) Hippolyte Léon Denizard Rivail
c) Camille Flamarion
d) León Denis

4 Qual era a profissão de Allan Kardec?
a) Pedagogo
b) Médium
d) Jornalista
e) Veterinário

5 Quem foi a esposa de Allan Kardec?
a) Katie King
b) Amália Domingo Soler
c) Florence Cook
d) Amélie Gabrielle Boudet

6 Allan Kardec ouviu falar pela primeira vez das mesas girantes, através do seu amigo ——.
a) Denis
b) Dentu
c) Fortier
d) Boudin

7 Quando Allan Kardec nasceu, quem era o imperador da França?
a) Luis XVI
b) Napoleão III
c) Napoleão Bonaparte
d) São Luis

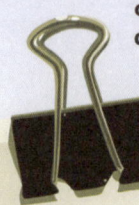

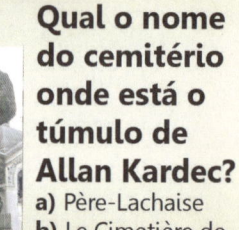

8 Qual o nome do cemitério onde está o túmulo de Allan Kardec?
a) Père-Lachaise
b) Le Cimetière de Belleville
c) Sacré Cœur
d) Cemitério de Montrouge

9 Quem foi o mestre de Allan Kardec?
a) León Denis
b) Gabriel Delanne
c) Camille Flamarion
d) Heinrich Pestalozzi

10 Allan Kardec numa outra vida foi um sacerdote:
a) Egípcio
b) Druida
c) Árabe
d) Indiano

Chico Xavier

1 Em que ano foi lançado o filme "Chico Xavier"?
a) 2009
b) 2010
c) 2011
d) 2012

7 Em 2002, Chico Xavier desencarnou aos 92 anos de idade, quando o Brasil foi:
a) Tetracampeão de futebol. b) Pentacampeão de futebol.
c) Tricampeão de futebol. d) Bicampeão de futebol.

2 Em qual cidade nasceu Chico Xavier?
a) Belo Horizonte
b) Uberaba
c) Pedro Leopoldo
d) Juiz de Fora

8 Qual é o nome completo de Chico Xavier?
a) Francisco Xavier
b) Francisco de Paula Cândido Xavier
c) Francisco Paula Cândido Xavier
d) Francisco de Paula Xavier

3 Em que ano foi indicado ao prêmio Nobel da Paz?
a) 1988
b) 1975
c) 1993
d) 1981

9 Quantos livros Chico Xavier psicografou ?
a) Entre 200 e 300
b) Menos de 200
c) Mais de 400
d) Entre 300 e 400

4 Em 2006 foi eleito "O maior brasileiro da história" pela:
a) Revista Veja
b) Revista Época
c) Revista Isto é
d) Revista Super Interessante

5 Principal característica do livro "Parnaso de Além-Túmulo"
a) O mais vendido.
b) Virou filme.
c) O primeiro publicado.
d) O menor de todos.

6 Por qual emissora foi ao ar o primeiro "Pinga-fogo" com Chico Xavier?
a) Tupi
b) Globo
c) SBT
d) Band

10 Quem era o mentor espiritual de Chico Xavier?
a) Emmanuel
b) André Luiz
c) Bezerra de Menezes
d) Ismael

As respostas estão na última página.

Emmanuel

1 Emmanuel ensinou ao Chico Xavier os três pontos básicos para o serviço:
a) Disciplina, amor e estudo.
b) Disciplina, disciplina e disciplina.
c) Disciplina, respeito e dedicação.
d) Disciplina, caridade e humildade.

2 Em qual livro Emmanuel descreve o seu encontro com Jesus?
a) Ave, Cristo!
b) Renúncia
c) Há dois mil anos
d) Paulo e Estêvão

3 Em qual livro Emmanuel descreve a história da humanidade?
a) Ave, Cristo!
b) Renúncia
c) Há dois mil anos
d) A caminho da luz

4 A maior caridade que podemos fazer pela Doutrina Espírita é ___ .
a) visitar os doentes.
b) a sua divulgação.
c) fazer a prece.
d) amar ao semelhante.

5 Emmanuel foi, há dois mil anos, o senador romano:
a) Pompeio Crato
b) Flavius Cornelius
c) Publio Lentulus
d) Caio Sixto

6 Numa reencarnação como padre católico, Emmanuel foi:
a) Manuel da Nóbrega
b) Anchieta
c) Dom Bosco
d) Vicente de Paulo

7 Qual destes livros não fo[i] escrito por Emmanuel?
a) A caminho da luz
b) Há dois mil anos
c) Paulo e Estêvão
d) E a vida continua...

8 Quantos anos tinha Chico Xavier quando Emmanuel apareceu?
a) 11 anos b) 21 anos c) 25 anos d) 9 anos

9 Quem é Abigail, n[o] livro "Paulo e Estêvão"?
a) Irmã de Paulo
b) Noiva de Paulo
c) Filha de Paulo
d) Mãe de Paulo

10 Emmanuel aconselhou Chico Xavier a permanecer sempre com:
a) Jesus e Kardec
b) Jesus e Deus
c) Jesus e Maria
d) Jesus e Moisés

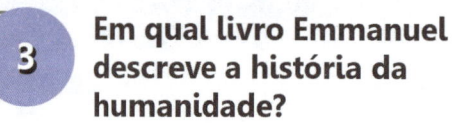

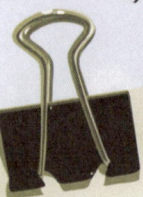

1

O filme "Nosso Lar", que narra a vida de André Luiz, em apenas 5 dias, bateu qual record de público?
a) 1 milhão
b) 100 mil
c) 10 mil
d) 10 milhões

André Luiz

7

Em 1944 foi publicado o livro "Nosso Lar" durante:
a) A I Guerra Mundial   b) A guerra do Vietnam
c) A guerra do Golfo   d) A II Guerra Mundial

8

Qual é o nome do lugar onde chega André Luiz ao desencarnar?
a) Inferno
b) Umbral
c) Purgatório
d) Limbo

2

Em qual cidade desencarnou o Espírito André Luiz?
a) São Paulo
b) Belo Horizonte
c) Rio de Janeiro
d) Salvador

9

André Luiz é um pseudônimo baseado em:
a) O primo de Chico Xavier
b) O tio de Chico Xavier
c) O amigo de Chico Xavier
d) O irmão de Chico Xavier

3

Quem é o Espírito Guia de André Luiz?
a) Laura
b) Governador
c) Emmanuel
d) Clarêncio

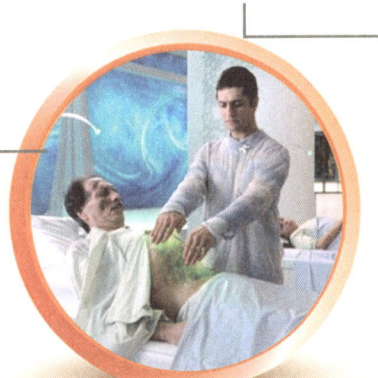

4

Quem é o melhor amigo de André Luiz?
a) Tobias
b) Lisias
c) Emmanuel
d) Clarêncio

5

Qual é o nome do veículo em que viaja André Luiz?
a) Aerotrem
b) Aerobus
c) Aeronave
d) Aerocar

6

Qual era a profissão de André Luiz?
a) Médico
b) Veterinário
c) Psicólogo
d) Psiquiatra

10

Qual destes livros não foi escrito por André Luiz?
a) A caminho da luz
b) Missionários da Luz
c) Sexo e destino
d) E a vida continua...

Joanna de Ângelis

1 Complete a frase de Joanna de Ângelis: "A arte de ouvir é, também, a ciência de ___."
a) amar
b) ajudar
c) assistir
d) escutar

2 Qual destes livros não foi escrito por Joanna de Ângelis?
a) Transição Planetária
b) O homem integral
c) Plenitude
d) Amor, imbatível amor

3 Joanna de Ângelis aparece em "O Evangelho segundo o Espiritismo" como:
a) Uma rainha da França
b) Zéfiro
c) Cáritas
d) Um Espírito amigo

4 Complete a frase: "Seja solidário para não ser ___."
a) Pessimista
b) Falso
c) Egoísta
d) Solitário

5 Reencarnou no Brasil, como Joana Angélica, na cidade:
a) Rio de Janeiro
b) Feira de Santana
c) Salvador
d) Recife

6 Na época de Jesus, foi conhecida como:
a) Joana de Cusa
b) Isabel
c) Maria de Magdala
d) Salomé

7 A obra "Série Psicológica" estabelece uma ponte entre o Espiritismo e a psicologia ___
a) Terapêutica
b) Convencional
c) Regressiva
d) Transpessoal

8 Caraterística principal do livro psicografado por Joanna de Ângelis "Messe de Amor"?
a) Virou filme
b) O mais vendido
c) O último livro
d) O primeiro psicografado

9 Quantos anos tinha Divaldo Franco, quando Joanna de Ângelis apareceu?
a) 25 anos
b) 12 anos
c) 18 anos
d) 4 anos

10 Numa reencarnação no México foi conhecida como:
a) Sor Maria Teresa
b) Santa Rosa de Lima
c) Sor Juana Inés de la Cruz
d) Sor Juanita de Angelis

Divaldo Franco

1

Nome do movimento que lidera Divaldo Franco em praças públicas.
a) Você e a paz
b) Ajuda solidária
c) Criança do amanhã
d) Seja Feliz

2 **Qual Espírito não psicografa pelo médium Divaldo Franco?**
a) Tagore
b) Victor Hugo
c) Krishnamurti
d) Eros

3 **Em qual cidade nasceu Divaldo Franco?**
a) Salvador
b) Aracaju
c) Vitória da Conquista
d) Feira de Santana

4 **Qual o nome do primo de Divaldo Franco, que fundou a "Mansão do Caminho"?**
a) Nilson Pereira
b) Florêncio Anton
c) Luis Sérgio Pereira
d) Elio Souza

5 **Em 1952, fundou a "Mansão do Caminho" na cidade de:**
a) Salvador   b) Aracaju
c) Vitória da Conquista   d) Feira de Santana

6 **Qual o nome da psicografia realizada por Divaldo Franco que pode ser lida a contraluz?**
a) Luminosa   b) Intuitiva
c) Escura   d) Especular

7 **Países e palestras que realizou pelo mundo:**
a) Até 25 países e até 5 mil palestras.
b) Entre 25 e 50 países, e entre 5 mil e 10 mil palestras.
c) Entre 50 e 75 países, e entre 10 mil e 15 mil palestras.
d) Mais de 75 países e mais de 15 mil palestras.

8 **Nome do Centro Espírita, fundado por Divaldo Franco, na cidade de Salvador:**
a) Centro Espírita União
b) Remanso Fraterno
c) Cidade da Luz
d) Caminho da Redenção

9 **Por qual qualidade é conhecido mundialmente?**
a) Pela sua dedicação.
b) Pela sua caridade.
c) Pela sua oratória.
d) Pela sua psicografia.

10 **Numa encarnação, na França, ele foi o Padre José, conhecido como:**
a) O padre da inquisição
b) A eminência parda
c) O sacerdote sábio
d) O cardeal Richelieu

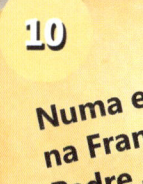

Lugares

1 **Qual país Cristo designa como "coração do mundo"?**
a) França
b) Estados Unidos
c) Suíça
d) Brasil

2 **Qual país Cristo designou como "cérebro do mundo"?**
a) França
b) Estados Unidos
c) Suíça
d) Brasil

3 **A qual categoria de mundo pertence a Terra?**
a) Mundo ditoso
b) Mundo celeste
c) Mundo de regeneração
d) Mundo de expiação e provas

4 **Em qual livraria, Allan Kardec lançou "O Livro dos Espíritos"?**
a) Livraria Dentu
b) Livraria Artazart
c) Livraria Paris
d) Livraria Eyrolles

5 **Em qual país fica a cidade de Yverdon, onde estudou Allan Kardec?**
a) Alemanha
b) Suíça
c) França
d) Áustria

6 **Em que país surgiu o Espiritismo?**
a) Brasil
b) França
c) Estados Unidos
d) Inglaterra

7 **Em qual cidade aconteceu o "auto de fé" com a queima dos livros espíritas?**
a) Hydesville
b) Barcelona
c) Paris
d) Bordeux

8 **A Galerie d'Orléans, local de lançamento de "O Livro dos Espíritos", fica ____ .**
a) No Arco do Triunfo b) No Palais Royal
c) Na Catedral de Notre Dame
d) Na Torre Eiffel

9 **De qual Estrela foram exilados espíritos rebeldes para reencarnar na Terra?**
a) Alcione
b) Sirius
c) Alfa Centauris
d) Capela

10 **Em qual lugar surgiram os fenômenos com as irmãs Fox?**
a) Barcelona
b) Paris
c) Hydesville
d) Rio de Janeiro

1

Quando nasceu Allan Kardec?
a) 1804
b) 1810
c) 1817
d) 1800

Datas

2

Quando aconteceram os fenômenos das "mesas girantes" na Europa?
a) 1855
b) 1857
c) 1850
d) 1848

3

Quando foi publicado "O Livro dos Espíritos"?
a) 1804
b) 1832
c) 1857
d) 1848

4

Quando aconteceram os fenômenos de Hydesville com as irmãs Fox?
a) 1848
b) 1869
c) 1857
d) 1850

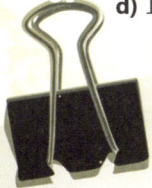

5

Em que ano Cristo convoca os guias espirituais da Terra para dar início ao Espiritismo?
a) 1789
b) 1800
c) 1500
d) 1492

7

Quando foi publicado "Obras Póstumas"?
a) 1880
b) 1870
c) 1869
d) 1890

8

Em que ano aconteceu o "auto de fé" com a queima de livros espíritas?
a) 1860
b) 1861
c) 1869
d) 1858

9

Quando desencarnou Bezerra de Menezes?
a) 1900
b) 1910
c) 1920
d) 1930

6

Em que ano Cristo chamou o Brasil de "Pátria do Evangelho"?
a) 1700 b) 1600
c) 1500 d) 1400

10

Quando desencarnou Allan Kardec?
a) 1848
b) 1869
c) 1857
d) 1850

11

Personagens 1

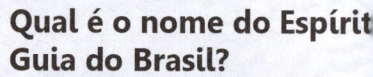

1 Quem colocou o nome de "bom senso encarnado" em Allan Kardec?
a) Heinrich Pestalozzi
b) Gabriel Delanne
c) Camille Flamarion
d) Florence Cook

2 Quem foi o principal continuador do Espiritismo após a desencarnação de Kardec?
a) Amélie Gabrielle Boudet
b) Amália Domingo Soler
c) Gabriel Delanne
d) León Denis

3 Qual médium é conhecida como "La gran dama del Espiritismo"?
a) Amélie Gabrielle Boudet
b) Amália Domingo Soler
c) Florence Cook
d) Katie King

4 Quem deu continuidade à "Revista Espírita" de Allan Kardec?
a) Amélie Gabrielle Boudet
b) Amália Domingo Soler
c) Leymarie
d) León Denis

5 Qual é o nome do Espírito Guia de Raul Teixeira?
a) Camilo
b) Lucius
c) Luis Sérgio
d) Ramatis

6 A quem Jesus explicou a reencarnação no evangelho?
a) Nicodemos
b) Judas
c) Publio Lentulus
d) Joana de Cusa

7 Qual é o nome do Espírit Guia do Brasil?
a) Ismael
b) Bezerra de Menezes
c) Francisco de Assis
d) Emmanuel

8 Que padre foi Allan Kardec na encarnação anterior?
a) Giordano Bruno
b) Jan Huss
c) Martin Lutero
d) Padre Germano

9 Qual era o nome do Espírito Guia de Sócrates?
a) Daemon
b) Diabo
c) Espírito Santo
d) Platon

10 Qual imperador bizantino exigiu a proibição da reencarnação?
a) Orígenes
b) Teodoro
c) Justiniano
d) Constantino

Personagens 2

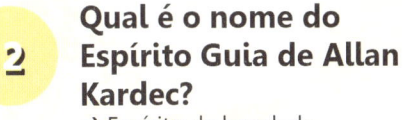

1 **Quem foi o maior médium de efeitos físicos do Sec. XIX pesquisado por Allan Kardec?**
a) León Denis
b) Emmanuel Swedenborg
c) Daniel Douglas Home
d) Leymarie

2 **Qual é o nome do Espírito Guia de Allan Kardec?**
a) Espírito da bondade
b) Espírito de verdade
c) Espírito de luz
d) Espírito divino

3 **Qual sábio da Grécia divulgava a frase: "Conhece-te a ti mesmo"?**
a) Platão
b) Aristóteles
c) Demócrito
d) Sócrates

4 **Quem foi Joana d'Arc na época de Cristo?**
a) Barrabás
b) Pedro
c) Judas
d) Lucas

5  **João Batista foi reencarnação de:**
a) David
b) Moisés
c) Elias
d) Ismael

7 **Quem foi o maior médium vidente sueco do século XVIII?**
a) León Denis
b) Emmanuel Swedenborg
c) Daniel Douglas Home
d) Leymarie

8 **Quais são os nomes das irmãs Fox?**
a) Margareth, Katherine e Leah Fox
b) Angie, Magie e Betty Fox
c) Margareth, Magie e Margory Fox
d) Bell, Angie e Mary Fox.

9 **Qual é o nome do Espírito Guia da França?**
a) Santo Agostino
b) São Francisco de Assis
c) São Francisco Xavier
d) São Luis

6 **Quem proibiu a mediunidade ao povo hebreu?**
a) David
b) Moisés
c) Elias
d) Ismael

10 **Quem foi o maior magnetizador da Europa?**
a) Franz Mesmer
b) Emmanuel Swedenborg
c) Daniel Douglas Home
d) Leymarie

Curiosidades

1 A mãe de Chico Xavier visita qual planeta no livro "Cartas de uma morta"?
a) Terra
b) Saturno
c) Marte
d) Júpiter

2 Que nome teve o "passe espírita" na época de Jesus?
a) Imposição de mãos
b) Magnetismo
c) Reiki
d) Johrei

3 Em qual planeta habita o Espírito Mozart?
a) Terra
b) Saturno
c) Marte
d) Júpiter

4 Qual é o idioma reminiscente dos Espíritos exilados de Capela?
a) Hebraico
b) Aramaico
c) Latim
d) Sânscrito

5 Qual o nome da cachorrinha que reencarnou com Chico Xavier?
a) Laica
b) Pituca
c) Princesa
d) Boneca

6 Com qual câmera podem ser fotografadas as imagens da aura?
a) Kirlian
b) Espírita
c) Vidicom
d) Espiricom

7 Qual o nome do aparelho criado para capturar as imagens do além?
a) Kirlian
b) Espírita
c) Vidicom
d) Espiricom

8 Quem é o "repórter do além" que entrevistou o Espírito Marilyn Monroe?
a) Luis Sergio
b) Cairbar Schutel
c) Clóvis Tavares
d) Humberto de Campos

9 Que imperador romano foi Napoleão há dois mil anos?
a) Augusto César
b) Calígula
c) Júlio César
d) Claudio

10 Os Espíritos da Alemanha, das guerras mundiais, são reencarnações de antigos:
a) Atenienses
b) Bárbaros
c) Espartanos
d) Romanos

Conceitos

1 Tudo se encadeia na Natureza, do átomo primitivo ao:
a) Anjo
b) Espírito Puro
c) Mestre
d) Arcanjo

2 Fenômeno que serve de ponto de partida para o Espiritismo:
a) Mesas girantes
b) Psicografia
c) Poltergeist
d) Vidência

3 O túmulo de Allan Kardec tem o formato da arquitetura celta de um:
a) Dólmen
b) Pirâmide
c) Mausoléu
d) Cruz

4 Glândula responsável pela mediunidade:
a) Tálamo
b) Pineal
c) Hipotálamo
d) Hipófise

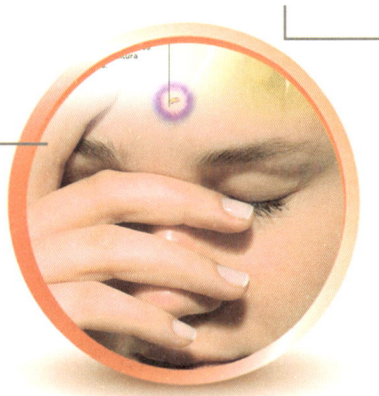

5 Os sete centros de força do períspirito, também são conhecidos como:
a) Mantras
b) Chakras
c) Pranas
d) Karmas

6 Origem dos Espíritos superiores que vêm ajudar a Terra na sua transição planetária:
a) Alcione b) Capela
c) Marte d) Júpiter

7 Influência negativa de um Espírito sobre um encarnado:
a) Possessão   b) Transe
c) Obsessão   d) Tá amarrado

8 Nome do primeiro centro espírita do mundo:
a) Centro Espírita de Paris
b) Grupo Espírita Allan Kardec
c) Fraternidade Espírita Francesa
d) Sociedade Parisiense de Estudos Espíritas

9 Crença na possibilidade de reencarnar como animal:
a) Agênere
b) Metempsicose
c) Panteísmo
d) Palingenesia

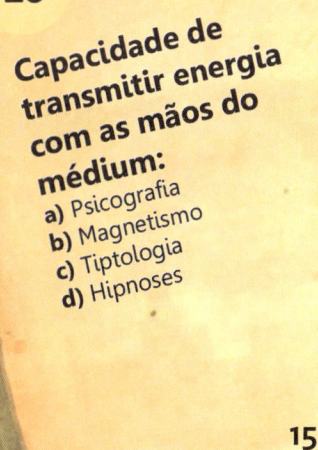

10 Capacidade de transmitir energia com as mãos do médium:
a) Psicografia
b) Magnetismo
c) Tiptologia
d) Hipnoses

15

Filmes 1

1 Qual filme foi baseado no livro "Por trás do véu de Ísis", de Marcel Soto Maior?
a) E a vida continua
b) Bezerra de Menezes
c) As mães de Chico Xavier
d) O filme dos Espíritos

2 Qual é o nome do personagem, interpretado pelo ator Patrick Swayze, no filme "Ghost"?
a) Tom
b) Sam
c) Bob
d) Tim

3 A frase: "Eu vejo gente morta" pertence ao filme:
a) Ghost
b) Sexto Sentido
c) Os outros
d) Nosso Lar

4 Quantas indicações ao Oscar teve o filme "Sexto Sentido"
a) 1
b) 2
c) 4
d) 6

5 Qual personagem foi interpretado pelo ator Carlos Vereza?
a) Allan Kardec
b) André Luiz
c) Bezerra de Menezes
d) Chico Xavier

6 Atriz Brasileira com maior número de participações em filmes espíritas:
a) Cássia Kis
b) Ana Rosa
c) Letícia Sabatella
d) Christiane Torloni

7 Qual é o nome do personagem, interpretado pela atriz Demi Moore, no filme "Ghost"?
a) Rita Freeman
b) Molly Jensen
c) Samanta Parker
d) Lisa Roberts

8 Esta cena pertence a qual filme?
a) Ghost
b) Sexto Sentido
c) Os outros
d) Nosso Lar

9 O filme "E a vida continua" foi baseado num livro ditado pelo Espírito:
a) Bezerra de Menezes
b) Joanna de Ângelis
c) Emmanuel
d) André Luiz

10 Esta cena pertence a qual filme?
a) Amor além da vida
b) Nosso Lar
c) Ghost
d) Sexto Sentido

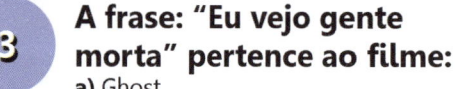

Filmes 2

1

Quem foi o diretor do filme "Chico Xavier"?
a) Wagner Assis
b) Walter Salles
c) Fernando Meirelles
d) Daniel Filho

2 **Em 1991, "Ghost" recebeu duas estatuetas do Oscar por Melhor atriz coadjuvante e:**
a) por Melhor Filme.
b) por Melhor Roteiro Original.
c) por Melhor Trilha Sonora.
d) por Melhor Edição.

3 **Quem foi o diretor do filme "Nosso Lar"?**
a) Wagner Assis
b) Walter Salles
c) Fernando Meirelles
d) Daniel Filho

4 **Esta cena pertence a qual filme?**
a) As mães de Chico Xavier
b) Chico Xavier
c) E a vida continua...
d) Nosso Lar

5 **Qual é o personagem, interpretado pelo ator Othon Bastos, no filme "Nosso Lar"?**
a) Lísias   b) Um ministro
c) O governador   d) Clarêncio

6

Nicole Kidman foi protagonista do filme:
a) Sexto sentido
b) Os Outros
c) Ghost
d) Amor além da vida

7 **Personagem é interpretado pela atriz Whoopi Goldberg no filme "Ghost":**
a) A amiga de Molly   b) A médium
c) A inimiga de Molly   d) A assassina

8 **Que ator interpreta André Luiz no filme "Nosso Lar"?**
a) Nelson Xavier
b) Ângelo Antônio
c) Renato Prieto
d) Othon Bastos

9 **Esta cena pertence a qual filme?**
a) Amor além da vida
b) Os Outros
c) Ghost
d) Sexto Sentido

10 **Em que ano foi lançado o filme "Nosso Lar"?**
a) 2009
b) 2010
c) 2011
d) 2012

As respostas estão na última página.

Ciências

1 **"Medicina espiritual"**, prática médica de curar os semelhantes com os semelhantes:
a) Acupuntura
b) Passe
c) Magnetismo
d) Homeopatia

2 **Língua criada no mundo espiritual para unificar os povos da Terra:**
a) Inglês
b) Português
c) Mandarim
d) Esperanto

3 **Método criado pelo Dr. Morris Netherton para recordar outras vidas:**
a) Terapia de Vidas Passadas
b) Hipnoses
c) Desdobramento Espiritual
d) Déjà-vu

4 **Estudo científico da morte pesquisado pela Dra. Elizabeth Kluber-Ross:**
a) Viagem astral
b) Experiência de quase-morte
c) Memória extra cerebral
d) Tanatologia

5 **O espírita Sibélius Donato foi uma criança gênio, com uma grande qualidade na:**
a) ciência
b) escultura
c) pintura
d) música

6 **Ciência que estuda as faculdades psíquicas da mente:**
a) Espiritismo
b) Viagem astral
c) Parapsicologia
d) TCI

7 **Nome da experiência de lembrar o além, em coma pesquisada pelo Dr. Raymond Moody:**
a) Viagem astral
b) Experiência de quase-morte
c) Memória extra cerebral
d) Tanatologia

8

O Dr. Sérgio Felipe tem pesquisado a mediunidade e especialmente a glândula:
a) mamária b) adrenal c) pineal d) salivar

9 **Método de comunicação dos Espíritos por instrumentos eletrônicos:**
a) Mediunidade 2.0
b) Transcomunicação Instrumental
c) Comunicação Eletrônica
d) Psicotelevisão

10

Fotografia captada pelo pesquisador japonês Masaru Emoto, da:
a) Molécula da água.
b) Aura.
c) Cidade Espiritual.
d) Alma.

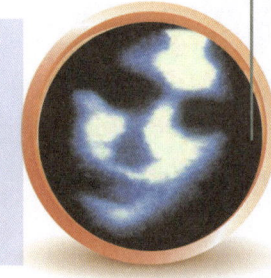

Espíritos

1

Forma de pintura utilizada pelos artistas desencarnados para pintar quadros:

a) Desenhismo
b) Passe
c) Psicopictografia
d) Pinturas do além

2 **Espírito da Codificação, que foi abolicionista e líder da Revolução Americana:**

a) Abraham Lincoln
b) Benjamin Franklin
c) George Washington
d) Pascal

3 **Espírito da Codificação, que foi físico e matemático francês:**

a) Erasto
b) Benjamin Franklin
c) Lemmanais
d) Pascal

4 **Enfermeira espiritual que desencarnou na Segunda Guerra Mundial:**

a) Scheilla
b) Meimei
c) Joanna de Ângelis
d) Amália Domingo Soler

5

Desenho bordado em transe pelo Espírito Rembrandt, representa:

a) Jesus
b) João Batista
c) João Evangelista
d) Paulo

6 **Espírito da Codificação, que foi teólogo francês, poeta e escritor:**

a) Fénelon   b) Victor Hugo
c) Lemannais   d) Vicente de Paulo

7 **Espírito da Codificação, que foi fundador da Homeopatia:**

a) Santo Agostino   b) Vicente de Paulo
c) Samuel Hahnemann   d) Victor Hugo

8 **Espírito da Codificação, que foi cooperador de Paulo de Tarso:**

a) Zéfiro
b) Galileu Galilei
c) Judas
d) Erasto

9 **O desenho orientado por Chico Xavier corresponde a:**

a) Abigail
b) Maria de Nazareth
c) Maria de Magdala
d) Scheilla

10 **Espírito da Codificação, que foi filósofo e discípulo de Sócrates:**

a) Demócrito
b) Diógenes
c) Aristóteles
d) Platão

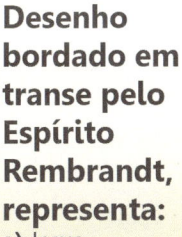

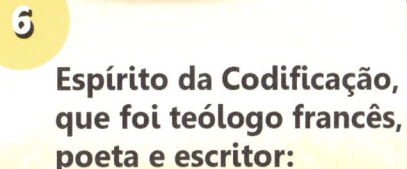

As respostas estão na última página.

Autores 1

1 Quem é o autor do livro "Viagem Espírita 1862"?
a) Allan Kardec
b) Chico Xavier
c) Divaldo Franco
d) León Denis

2 Quem é o autor do livro "Depois da Morte"?
a) Allan Kardec
b) Chico Xavier
c) Divaldo Franco
d) León Denis

3 Autor espiritual do livro "Pai Nosso", psicografado por Chico Xavier.
a) Meimei
b) Nina Arueira
c) Anália Franco
d) Amélia Rodrigues

4 Quem é o autor do livro "O que é o Espiritismo"?
a) Allan Kardec
b) Chico Xavier
c) Divaldo Franco
d) León Denis

5 Médium que psicografou o livro "Memórias de um suicida".
a) Zíbia Gasparetto
b) Amália Domingo Soler
c) Yvonne Pereira
d) Vera Lúcia Marinzeck

6 Médium que psicografou o livro "Laços Eternos".
a) Zíbia Gasparetto
b) Amália Domingo Soler
c) Yvonne Pereira
d) Vera Lúcia Marinzeck

7 Médium que psicografou livro "Violetas na Janela"
a) Zíbia Gasparetto
b) Amália Domingo Soler
c) Yvonne Pereira
d) Vera Lúcia Marinzeck

8 Jovem brasiliense desencarnado, autor espiritual de livros como "O mundo que eu encontrei".
a) Camilo
b) Hammed
c) Luiz Sérgio
d) Ramatís

9 Autor espiritual do livro "Renovando Atitudes", psicografado por Francisco do Espírito Santo Neto.
a) Camilo
b) Hammed
c) Luiz Sérgio
d) Ramatís

10 Autor do livro "Os Exilados de Capela".
a) Emmanuel
b) Edgard Armond
c) Herculano Pires
d) André Luiz

Autores 2

1

Espírito do escritor e músico indiano, que psicografou livros por Divaldo Franco.

a) Sai Baba
b) Benerjee
c) Krishnamurti
d) Tagore

2 **Autor do primeiro jornal espírita brasileiro "Eco de Além-túmulo"?**
a) Chico Xavier
b) Divaldo Franco
c) Cairbar Schutel
d) Luís Olimpio Teles de Menezes.

3 **Autor do livro "Animismo e Espiritismo"?**
a) Allan Kardec
b) Alexandre Aksakof
c) Divaldo Franco
d) León Denis

4 **Famoso astrônomo francês, autor do livro "A morte e seus mistérios".**
a) Allan Kardec
b) Alexandre Aksakof
c) Camille Flamarion
d) León Denis

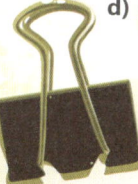

5 **Autor do personagem "Sherlock Holmes" e do livro "História do Espiritismo".**
a) Allan Kardec
b) Sir Arthur Conan Doyle
c) Chico Xavier
d) León Denis

7 **Prêmio Nobel francês em 1913 e autor do "Tratado de Metapsíquica".**
a) Cesare Lombroso   b) Camille Flamarion
c) León Denis   d) Charles Richet

8 **Jornalista brasileiro, autor do livro "Allan Kardec, a biografia".**
a) Marcel Souto Maior
b) Humberto de Campos
c) William Bonner
d) Pedro Bial

9 **Jornalista brasileiro, que usou o pseudônimo "Irmão X".**
a) Marcel Souto Maior
b) Humberto de Campos
c) William Bonner
d) Pedro Bial

6 **Autor francês do livro "Os miseráveis", que psicografou livros pelo médium Divaldo Franco.**
a) Allan Poe   b) Victor Hugo
c) Alexandre Dumas   d) León Denis

10 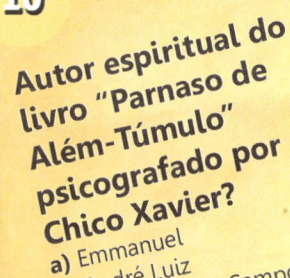 **Autor espiritual do livro "Parnaso de Além-Túmulo" psicografado por Chico Xavier?**
a) Emmanuel
b) André Luiz
c) Humberto de Campos
d) Espíritos diversos

Palavras

Horizontais

1 — O egoísmo é a fonte de todos os vícios, como a _____ o é de todas as virtudes.

2 — Laço semimaterial que liga alma ao corpo físico.

3 — Ato de adoração e meio eficiente para a cura da obsessão.

4 — Quem passa ___ o tempo na meditação, nada faz de meritório aos olhos de Deus.

5 — Há dois elementos gerais do Universo: a ____ e o espírito.

6 — Jesus serve ao homem como ____ e modelo.

7 — Nome pelo qual também são conhecidos os Espíritos puros.

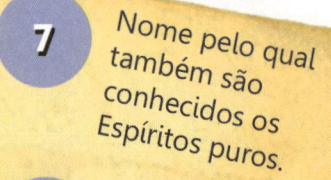

8 — Os Espíritos para evoluir passam pela fieira da ignorância e não do ____.

9 — Ideia de que todas as coisas são Deus.

10 — O perispírito é papel importante em todos os _____ espíritas.

11 — Princípio inteligente do universo.

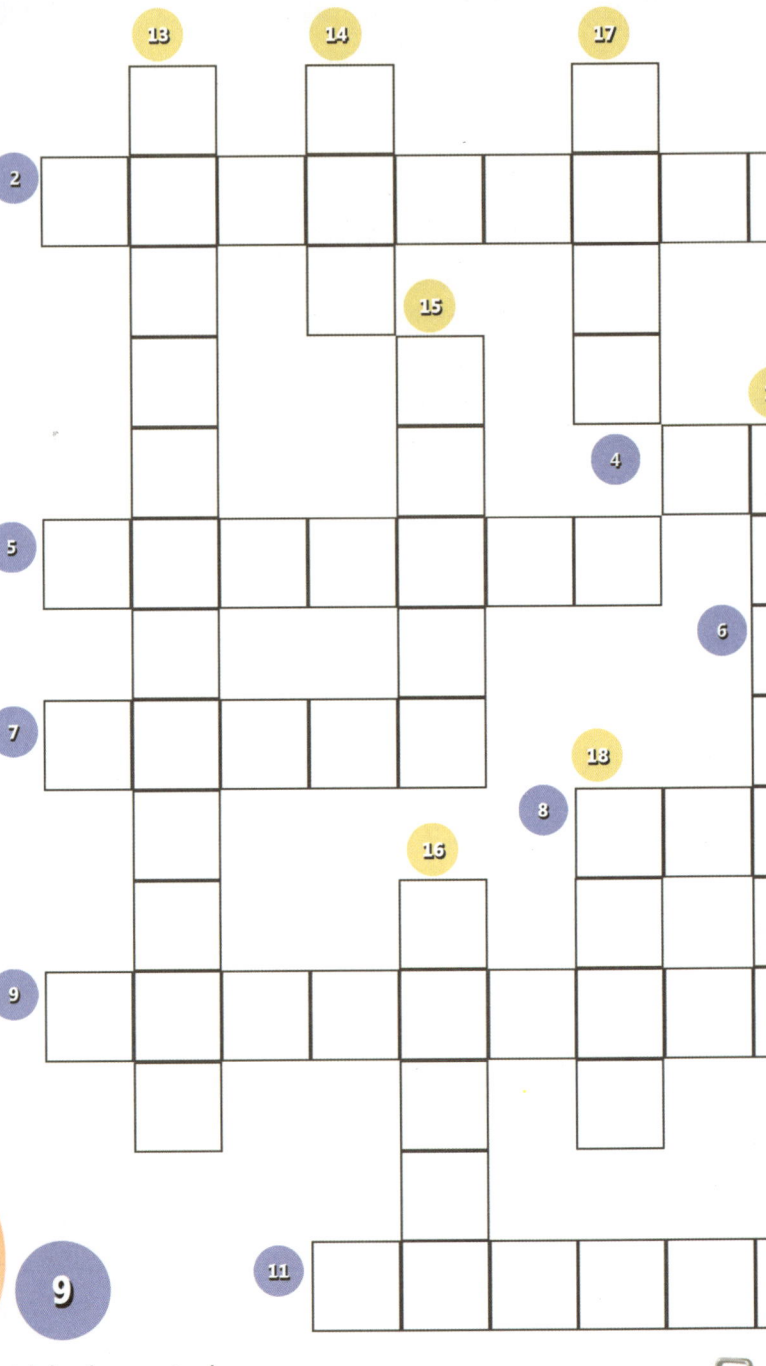

12 — Durante o _____, apenas o corpo repousa.

Cruzadas

Escreva no diagrama, respeitando os cruzamentos.

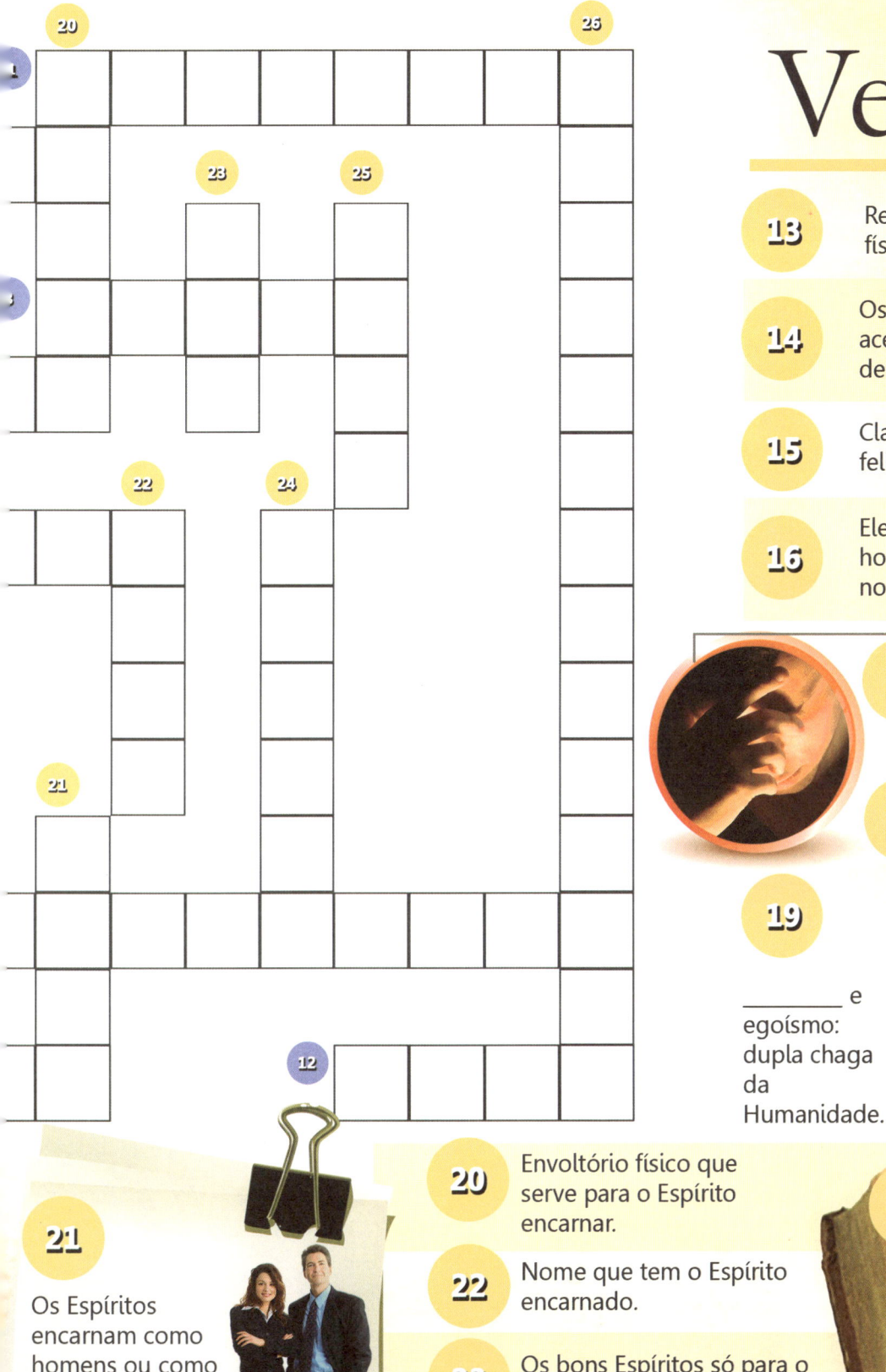

Verticais

13 Retorno do Espírito ao plano físico num novo corpo.

14 Os Espíritos superiores só aceitam missões que possam desempenhar até ao ____.

15 Classe de Espíritos que gozam da felicidade suprema.

16 Ele veio para mostrar aos homens o caminho do amor no Evangelho.

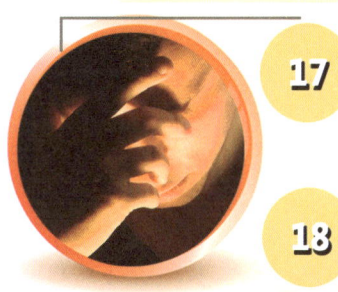

17 As comunicações com os Espíritos nos fazem compreender a ____ futura.

18 Fenômeno do século XIX, que ficou conhecido como ____ girante ou dançante.

19 _____ e egoísmo: dupla chaga da Humanidade.

20 Envoltório físico que serve para o Espírito encarnar.

22 Nome que tem o Espírito encarnado.

23 Os bons Espíritos só para o ___ aconselham.

24 Ponte de comunicação entre os Espíritos e os homens.

21 Os Espíritos encarnam como homens ou como mulheres, porque o espírito não têm ____.

25 Deus estabeleceu todas as ____ que regem o Universo.

26 Doutrina oposta ao materialismo.

As respostas estão na última página.

Livros 1

1 Qual é o livro que trata dos Princípios da Doutrina Espírita?
a) O Livro dos Espíritos
b) O Livro dos Médiuns
c) O que é o Espiritismo
d) O Céu e o Inferno

2 Qual é o livro que serve como Guia dos Médiuns e dos Evocadores?
a) O Livro dos Espíritos
b) O Livro dos Médiuns
c) O que é o Espiritismo
d) O Céu e o Inferno

3 Livro em que André Luiz descreve a reencarnação:
a) Nosso Lar
b) Mensageiros Espirituais
c) Missionários da Luz
d) Libertação

4 Livro em que André Luiz descreve o mundo espiritual:
a) Nosso Lar
b) Mensageiros Espirituais
c) Missionários da Luz
d) Libertação

5 Livro psicografado pelo famoso escritor português Camilo Castelo Branco:
a) Minha vida na outra vida
b) Renúncia
c) Memórias do Padre Germano
d) Memórias de um suicida

6 Qual é o livro que trata da Justiça Divina, segundo o Espiritismo?
a) O Livro dos Espíritos
b) O Livro dos Médiuns
c) O que é o Espiritismo
d) O Céu e o Inferno

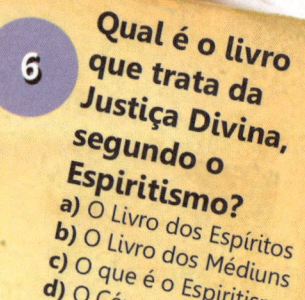

7 Livro que trata do resumo do Espiritismo, sob a forma de perguntas e respostas:
a) O Livro dos Espíritos
b) O Livro dos Médiuns
c) O que é o Espiritismo
d) O Céu e o Inferno

8 Livro que serviu de base para o filme "Chico Xavier":
a) As mães de Chico Xavier
b) Chico Xavier e você
c) As vidas de Chico Xavier
d) Por trás do véu de Isis

9 Qual livro não foi escrito pelo Espírito Rochester?
a) Ninguém é de ninguém
b) Herculânum
c) Romance de uma Rainha
d) Noite de São Bartolomeu

10 Livro que trata das vivências, no mundo espiritual, da jovem Patrícia:
a) Renovando Atitudes
b) Minha vida na outra vida
c) Aconteceu na casa espírita
d) Violetas na janela

Livros 2

1

Livro ditado pelo Padre Germano à médium Amália Domingo Soler:

a) Perdoo-te
b) Memórias do Padre Germano
c) Senzala
d) Memórias de um suicida

2

Livro que trata dos Milagres e das Predições, segundo o Espiritismo:
a) O Livro dos Espíritos
b) O Livro dos Médiuns
c) A Gêneses
d) O Céu e o Inferno

3

Livro que trata dos ensinos morais de Jesus:
a) O Evangelho segundo o Espiritismo
b) O Livro dos Médiuns
c) A Gêneses
d) O Céu e o Inferno

4

Em qual livro Allan Kardec dialoga com Espíritos de Júpiter?
a) Revista Espírita
b) O Livro dos Médiuns
c) O que é o Espiritismo
d) Obras Póstumas

5

Livro escrito pelo cientista italiano Ernesto Bozzano sobre o espírito no animais:
a) Os animais têm alma?
b) Animais no além
c) O espírito animal
d) A alma nos animais

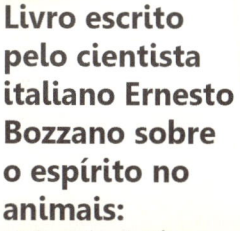

7

Qual livro não faz parte do chamado "pentateuco kardequiano"?
a) Obras Póstumas
b) O Livro dos Médiuns
c) A Gêneses
d) O Céu e o Inferno

8

Livro que foi escrito pelas respostas de Divaldo Franco num programa de TV:
a) Espiritismo Fácil
b) Pinga-fogo
c) Diretrizes de Segurança
d) Divaldo Franco responde

9

Livro escrito pelas respostas dos médiuns Divaldo Franco e Raul Teixeira:
a) Espiritismo Fácil
b) Pinga-fogo
c) Diretrizes de Segurança
d) Divaldo Franco responde

6

Livro psicografado por Divaldo Franco, que narra sobre o futuro da Terra:
a) A caminho da luz
b) Cosmos
c) Transição Planetária
d) Capela

10

Livro escrito pelas respostas de Chico Xavier num programa de TV:
a) Espiritismo Fácil
b) Pinga-fogo
c) Diretrizes de Segurança
d) Divaldo Franco responde

As respostas estão na última página.

Frases 1

1 Autor da frase: "Os fenômenos espíritas possuem a característica de uma invasão organizada".
a) Allan Kardec
b) Chico Xavier
c) Sir Arthur Conan Doyle
d) Bezerra de Menezes

2 Allan Kardec disse: "A felicidade dos Espíritos é sempre proporcional à sua___ ".
a) elevação
b) inteligência
c) coragem
d) moral

3 Embora ninguém possa voltar atrás e fazer um novo começo, qualquer um pode começar agora e ___ .
a) fazer um novo fim.
b) fazer um novo início.
c) fazer outro fim.
d) fazer uma virada.

4 Autor da frase: "O amor é a celeste atração das almas".
a) Allan Kardec
b) Chico Xavier
c) Amália Domingo Soler
d) León Denis

5 Espíritas: amai-vos, eis o primeiro mandamento; ___ .
a) Educai-vos, eis o segundo.
b) Iluminai-vos, eis o segundo.
c) Estudai-vos, eis o segundo.
d) Instruí-vos, eis o segundo.

6 Autor da frase: "O Espiritismo não será a religião do futuro, mas o futuro das religiões".
a) Allan Kardec
b) Chico Xavier
c) Divaldo Franco
d) León Denis

7 André Luiz disse: "A língu revela o conteúdo do ___ "
a) coração
b) cérebro
c) pulmão
d) lábio

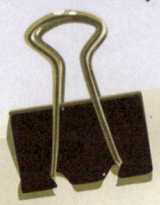

8 André Luiz disse: "A arte deve ser o belo criando ___ ".
a) a harmonia
b) o bom
c) a paz
d) o bem

9 Divaldo Franco disse: "Ser espírita é ter descoberto ___ ".
a) um grande tesouro.
b) um manancial.
c) uma caixa de surpresas.
d) uma luz no caminho.

10 Chico Xavier disse: "Quem maltrata um animal é alguém que não aprendeu ___ ".
a) a respeitar.
b) a amar.
c) a misericórdia.
d) a chutar.

Frases 2

1

Bezerra de Menezes disse: "Solidários, seremos união. Separados uns dos outros seremos ___".
a) insignificantes.
b) muito desunidos.
c) mais e melhores.
d) pontos de vista.

2 **Fé inabalável é somente aquela que pode encarar a razão face a face, ___.**
a) no cristianismo.
b) nas religiões.
c) em todas as épocas.
d) sem temor.

3 **André Luiz disse: "Uma existência é um ato. Um corpo — uma veste. Um século ___".**
a) um dia.
b) uma semana.
c) uma hora.
d) um ano.

4 **León Denis disse: "O Espiritismo será científico ou não ___".**
a) morrerá
b) funcionará
c) prestará
d) sobreviverá

5 **André Luiz disse: "A vida é aquilo que você deseja ___".**
a) pela noite.
b) nos sonhos.
c) no pensamento.
d) diariamente.

6 **Emmanuel disse: "O bem que praticas em qualquer lugar será teu ___".**
a) juiz infalível.
b) melhor aliado.
c) advogado em toda parte.
d) testemunha fiel.

7 **Joanna de Ângelis disse: "Quem se dedica a enxugar as lágrimas dos outros, não tem tempo ___".**
a) para lamentar-se.
b) para chorar.
c) para nada.
d) para viver.

8 **Emmanuel disse: "Jesus é a porta, e Kardec é ___".**
a) a casa.
b) a janela.
c) a chave.
d) o portão.

9 **Emmanuel disse ao Chico Xavier no avião: "Cala a boca e ___".**
a) Morra com fé.
b) Morra com educação.
c) Morra com respeito.
d) Morra com um sorriso.

10 **Origem da frase: "Nascer, morrer, renascer ainda e progredir sempre, tal é a lei".**
a) Druida
b) Egípcia
c) Hindu
d) Cristã Primitiva

O Livro dos Espíritos 1

1 **Quantas vezes reencarnam os Espíritos?**
a) Nunca reencarnam.
b) 200 vezes.
c) Até 7 vezes.
d) Tantas vezes sejam necessárias.

2 **Onde está escrita a lei de Deus?**
a) No Evangelho.
b) Na consciência.
c) Na Bíblia.
d) Na natureza.

3 **Corpo intermediário entre o Espírito e o corpo físico?**
a) Aura
b) Alma
c) Perispírito
d) Duplo Etéreo

4 **Por onde passam os Espíritos para chegar ao bem?**
a) Pela infelicidade.
b) Pelo mal.
c) Pela ignorância.
d) Pela reencarnação.

5 **Os Espíritos têm cor?**
a) São brancos.
b) Transparentes.
c) Têm uma coloração.
d) Nenhuma cor.

6 **O bem é tudo o que está de acordo com ___.**
a) a Bíblia.
b) a lei de Deus.
c) a obra básica.
d) fé.

7 **Qual é a matéria que opõe obstáculo aos Espíritos?**
a) Só a água.
b) Só o metal.
c) Só o fogo.
d) Nenhuma.

8 **A escala espírita está dividida três partes: Espíritos Puros, Bons e ___.**
a) Espíritos umbralinos.
b) Espíritos imperfeitos.
c) Espíritos impuros.
d) Espíritos maus.

Puros
Bons
?

9 **Quando o homem será feliz na Terra?**
a) Quando voltar o Cristo.
b) No juízo final.
c) Quando a humanidade estiver transformada.
d) Nunca.

10 **Benevolência, indulgência e perdão das ofensas era como Jesus entendia:**
a) a caridade.
b) a amizade.
c) o evangelho.
d) a paz.

O Livro dos Espíritos 2

1

Os sonhos são efeito _____ .

a) Dos pensamentos psicológicos.
b) Da emancipação da alma.
c) Da mente.
d) Do cansaço.

2 **Qual é o emblema do trabalho do Criador?**
a) A cepa.
b) O livro.
c) A cruz.
d) O sol.

3 **Há dois elementos gerais do Universo: o Espírito e _____ .**
a) a matéria.
b) o perispírito.
c) o homem.
d) Deus

4 **Quantas perguntas fez Allan Kardec em "O livro dos Espíritos"?**
a) 1001
b) 1019
c) 1869
d) 899

5 **Parte inicial do livro onde os Espíritos assinam sua autoria:**
a) Prólogo
b) Prolegômenos
c) Introdução
d) Prefácio

6 **Os Espíritos são os seres inteligentes da _____ .**
a) Criação
b) Terra
c) Natureza
d) Galáxia

7 **Deus é a inteligência suprema, _____ .**
a) amor infinito do cosmos.
b) força luminosa do universo.
c) causa primeira de todas as coisas.
d) eu superior vivo.

8 **Quais planetas são habitados por Espíritos?**
a) Só a Terra.
b) Todos.
c) Os planetas com água.
d) Todos menos os satélites.

9 **Nome da pessoa intermediária entre os Espíritos e os homens.**
a) Passista
b) Parapsicólogo
c) Médium
d) Agênere

10 **Os Espíritos são criados simples e _____ .**
a) ignorantes
b) escuros
c) humildes
d) primitivos

O Livro dos Médiuns

1 **O bom médium é aquele que é simpático ___ .**
a) a Deus.
b) a seu guia espiritual.
c) a todos os Espíritos.
d) aos bons Espíritos.

2 **A mediunidade que dá resultados mais satisfatórios e completos é a ___ .**
a) psicografia
b) psicofonia
c) intuição
d) cura

3 **Comunicação dos Espíritos pela voz de um médium:**
a) psicografia
b) psicofonia
c) intuição
d) cura

4 **Comunicação dos Espíritos por pancadas de objetos:**
a) Aparições
b) Tiptologia
c) Transporte
d) Cura

5 **Os psicógrafos se dividem em Mecânicos, Semi-mecânicos e ___ .**
a) Intuitivos
b) Mecânicos puros
c) Inspirados
d) Escreventes

6 **Tipo de espírita que apenas acredita nas manifestações:**
a) Experimentadores
b) Imperfeitos
c) Cristãos
d) Exaltados

7 **Os espíritas verdadeiros são conhecidos como espíritas ___ .**
a) Experimentadores
b) Imperfeitos
c) Cristãos
d) Exaltados

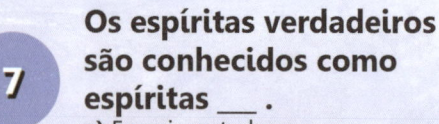

8 **Os médiuns durante o transe, podem afastar-se parcialmente do ___ .**
a) períspirito
b) Espírito
c) universo
d) corpo físico

9 **O passe também foi conhecido como ___**
a) mediunidade
b) magnetismo
c) transporte
d) transe

10 **Os médiuns são divididos em dois grupos: de efeitos intelectuais e de efeitos ___ .**
a) materiais
b) físicos
c) espirituais
d) paranormais

1

Na prece, a forma nada vale, o pensamento é ___ .

a) Tudo
b) Importante
c) Fundamental
d) Primeiro

O Evangelho segundo o Espiritismo

7 A primeira revelação teve a sua personificação em ___ .
a) Moisés
b) Jesus
c) Allan Kardec
d) Os Espíritos

8 A revelação espírita é ___ .
a) progressiva
b) poderosa
c) racional
d) caridosa

2 Fora da caridade não há ___ .
a) paz
b) salvação
c) amor
d) espiritualidade

9 Apenas uma parte do evangelho é comentada pelos Espíritos:
a) Os milagres.
b) O ensino moral .
c) As predições.
d) Os atos da vida do Cristo.

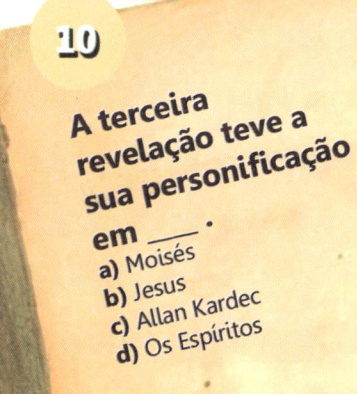

3 O Espiritismo vai marcar uma ___ para a humanidade.
a) grande etapa
b) revolução
c) nova era
d) solução

4 Reconhece-se o verdadeiro espírita pela sua ___ .
a) pureza
b) caridade permanente
c) inteligência
d) transformação moral

5 Nome anterior do livro "O Evangelho segundo o Espiritismo"
a) Imitação do Evangelho.
b) Religião dos Espíritos.
c) O novo Evangelho.
d) O Evangelho dos Espíritos.

6 Qual é o consolador prometido por Jesus aos discípulos?
a) O Cristianismo.
b) O Espiritismo.
c) O Espiritualismo.
d) O Materialismo.

10 A terceira revelação teve a sua personificação em ___ .
a) Moisés
b) Jesus
c) Allan Kardec
d) Os Espíritos

Allan Kardec
Tradução: Salvador Gentile
O Evangelho
Segundo o Espiritismo

O Céu e o Inferno

1 **Moisés proibiu a evocação aos Espíritos porque o seu povo:**
a) Não entendia.
b) Era ateu.
c) Era ignorante.
d) Fazia mal uso.

2 **A cada um segundo as suas obras, no Céu como na Terra: tal é a lei ___ .**
a) da justiça divina.
b) do além.
c) do Espiritismo.
d) do Cristo.

3 **Os anjos no Espiritismo são chamados de:**
a) Espíritos Puros.
b) Mentores de luz.
c) Irmãos Espirituais.
d) Benfeitores.

4 **O sofrimento é inerente à ___ .**
a) ignorância
b) maldade
c) imperfeição
d) obsessão

5 **Os demônios no Espiritismo são os ___ .**
a) Anjos
b) Extraterrestres
c) Homens desencarnados
d) Duendes

6 **As penas são castigos e remédios auxiliares à cura do ___ .**
a) bem
b) mal
c) espírito
d) orgulho

7 **O Espiritismo não acredita nas penas eternas e sim na ___ .**
a) reencarnação
b) penas menores
c) justiça divina
d) imortalidade

8 **Os espíritas não temem a morte porque sabem que existe:**
a) vida depois da vida.
b) o céu.
c) Nosso Lar.
d) Deus

9 **Estado que ficam os Espíritos após a morte:**
a) Sono
b) Transe
c) Perturbação
d) Espera

10 **Os suicidas afirmam sair do sofrimento para encontrar___ .**
a) o além
b) o céu
c) o tormento
d) o paraíso

A Gênese

1

Onde está escrita a história da formação da Terra?

a) No fundo do mar.
b) Na consciência.
c) Nas camadas geológicas.
d) Na Bíblia.

2

Qual foi o maior milagre que Jesus operou?

a) A revolução de seus ensinos.
b) Andar sobre as águas.
c) Ressuscitar os mortos.
d) Multiplicar o pão.

3

A caraterística de qualquer revelação deve ser ___ .

a) a verdade.
b) a seriedade.
c) a revolução.
d) a felicidade.

4

Nome da matéria elementar primitiva?

a) Perispírito
b) Espírito
c) Ectoplasma
d) Fluido Cósmico Universal

5

Físico inglês que descobre a lei da gravitação:

a) Kepler
b) Edison
c) Newton
d) Galileu

7

O profeta Elias reencarnou como:

a) Pedro
b) João Evangelista
c) João Batista
d) Jesus

8

Os milagres são, na verdade, leis da natureza ___ .

a) desconhecidas
b) contrárias
c) sobrenaturais
d) divinas

9

A gênesis de Moisés é a que mais se aproxima dos ___ .

a) erros científicos.
b) mitos e lendas.
c) dados científicos.
d) místicos.

6

Segundo a Bíblia, em quantos dias foi criado o planeta Terra?

a) 4
b) 5
c) 6
d) 7

10

Há duas forças no universo: O elemento espiritual e o elemento ___ .

a) divino
b) do além
c) material
d) invisível

Caça Palavras

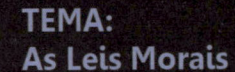

J	U	S	T	I	Ç	A	C	A	I	N	O	U
A	D	O	R	A	Ç	Ã	O	F	G	A	E	D
B	E	L	A	Q	C	I	N	H	U	D	N	I
S	S	R	B	I	C	P	S	U	A	T	A	V
O	T	E	A	N	S	A	E	D	L	O	T	I
S	R	P	L	C	A	O	R	E	D	P	U	N
S	U	R	H	N	O	E	V	I	A	E	R	A
E	I	O	O	B	B	A	A	D	D	A	A	O
R	Ç	D	A	I	L	V	Ç	F	E	A	L	G
G	A	U	L	U	I	S	A	H	U	R	D	E
O	O	Ç	O	A	M	P	O	R	A	C	E	E
R	I	A	M	O	R	C	H	I	L	R	U	A
P	S	O	C	I	E	D	A	D	E	S	A	S

A lei **DIVINA** ou **NATURAL** divide-se em:

1 Lei de **ADORAÇÃO**

2 Lei do **TRABALHO**

3 Lei de **REPRODUÇÃO**

4 Lei de **CONSERVAÇÃO**

5 Lei de **DESTRUIÇÃO**

6 Lei de **SOCIEDADE**

7 Lei do **PROGRESSO**

8 Lei de **IGUALDADE**

9 Lei de **LIBERDADE**

10 Lei de **JUSTIÇA**, **AMOR** e **CARIDADE**.

Procure e marque, no diagrama de letras, as palavras em destaque na relação.

Imagem da psicografia especular, com o título: "Reconhecimento a Allan Kardec".

Psicografia Especular

A psicografia especular é uma variante da psicografia e só pode ser lida ao espelho. Em 2004, durante o 4º Congresso Espírita Mundial, em Paris, foi recebida uma mensagem através do médium Divaldo Franco, escrita em francês pelo Espírito Léon Denis.

Descubra quais são as palavras na mensagem e coloque-as na ordem certa.

1804

PARIS

JESUS

SABEDORIA

NAPOLEÃO

VERDADE

FRANCESES

HUMILDEMENTE

1415

LYON

Reconhecimento a Allan Kardec (Tradução)

No mesmo ano em que __1__ Bonaparte foi consagrado Imperador dos __2__ , Hippolyte Léon Denizard Rivail nasceu em __3__ em 3 de outubro __4__ . Transferido da fogueira de Constança em 6 de julho de __5__ , para os dias gloriosos da intelectualidade de __6__ , Kardec dedicou-se ao apostolado da Doutrina ensinada e pregada por __7__ . Sua vida e sua obra testemunham sua grandeza – Missionário da __8__ ! Nós, os beneficiários da tua __9__ , agradecemos, emocionados, e pedimos __10__ : ora por nós, tu que já estás no reino dos céus!

Léon Denis

Pintura Mediúnica

Os médiuns que realizam a pintura mediúnica, desenham ou pintam por influência dos Espíritos. Realizam telas dos mais célebres artistas com uma velocidade surpreendente e com a técnica característica do pintor.

 1
 2
 3
 4
 5
 6
 7
 8

 17
 18
 19
 20
 21
 22
 23
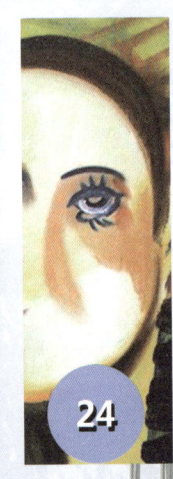 24

Vincent Van Gogh **Rembrandt** **Pissarro** **Picasso**

A pintura mediúnica ou pintura dos Espíritos foi definida por Allan Kardec para os médiuns que obtêm produções sérias.

Pintura realizada pelo médium Florêncio Anton.

Coloque os números nos círculos abaixo na ordem certa.

9 · 10 · 11 · 12 · 13 · 14 · 15 · 16

25 · 26 · 27 · 28 · 29 · 30 · 31 · 32

Miró · Modigliani · Renoir · Toulouse Lautrec

Biblioteca

Complete a Biblioteca Espírita com as obras correspondentes.

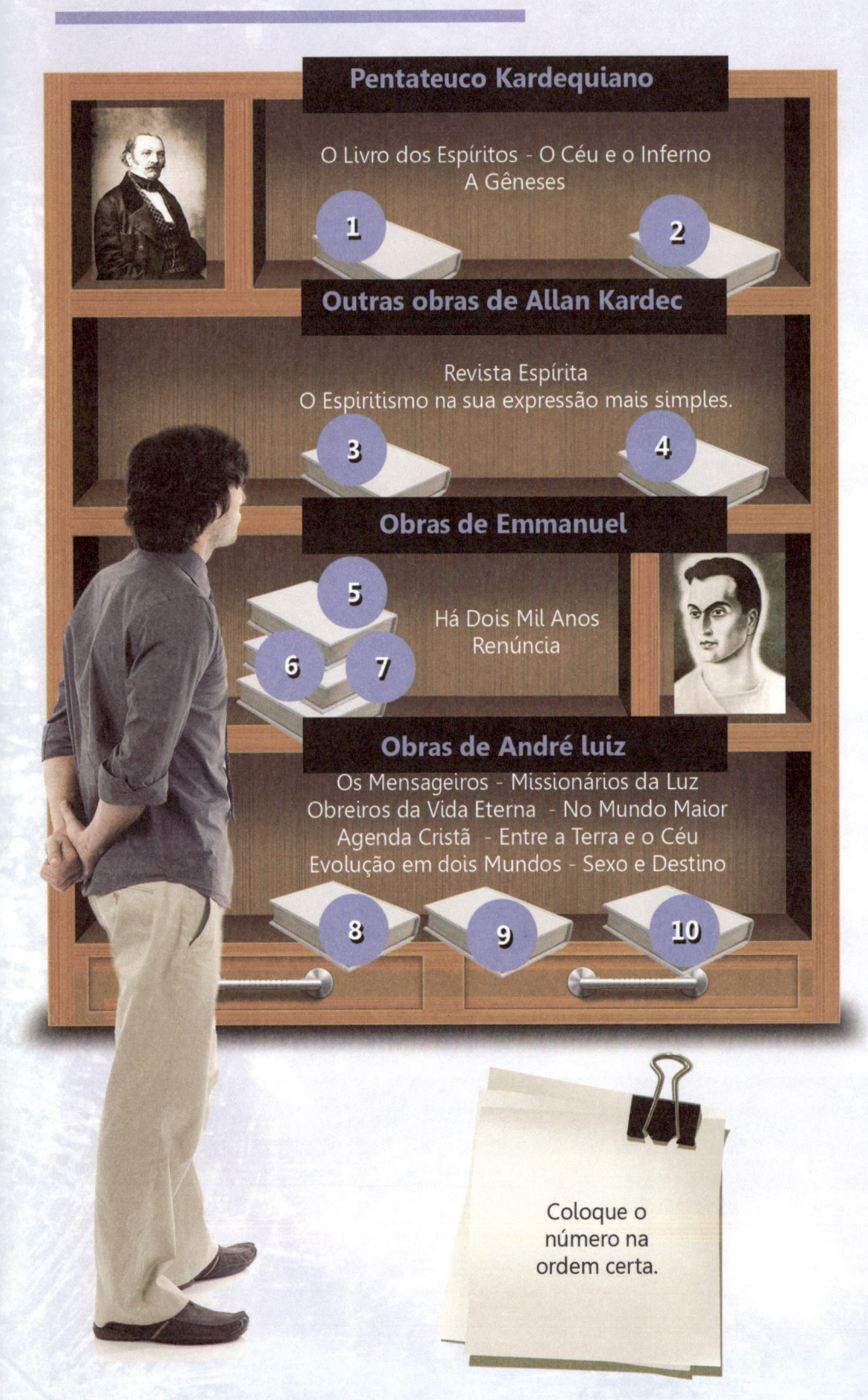

Pentateuco Kardequiano

O Livro dos Espíritos - O Céu e o Inferno
A Gêneses

1 2

Outras obras de Allan Kardec

Revista Espírita
O Espiritismo na sua expressão mais simples.

3 4

Obras de Emmanuel

5

Há Dois Mil Anos
Renúncia

6 7

Obras de André luiz

Os Mensageiros - Missionários da Luz
Obreiros da Vida Eterna - No Mundo Maior
Agenda Cristã - Entre a Terra e o Céu
Evolução em dois Mundos - Sexo e Destino

8 9 10

Coloque o número na ordem certa.

- E a Vida Continua
- 50 anos depois
- O Livro dos Médiuns
- Paulo e Estevão
- Obras Póstumas
- Ave, Cristo!
- Nosso Lar
- O Evangelho segundo Espiritismo
- Libertação
- O que é o Espiritismo

Preste atenção no desenho durante três minutos. Depois vire a página e responda as dez questões.

Teste de Memória

EU ACREDITO QUE OS BONS ESPÍRITOS, JESUS, ALLAN KARDEC, LÉON DENIS, BEZERRA DE MENEZES, JOANNA DE ÂNGELIS, EMMANUEL E CHICO XAVIER NOS INSPIRAM LÁ DE CIMA.

As respostas estão na última página.

Teste baseado no desenho da página anterior.
Antes de realizar este teste, vire a página.

Teste da Memória

1 **No desenho, quem está sentado exatamente no meio?**
a) Emmanuel
b) Joanna de Ângelis
c) Bezerra de Menezes
d) Léon Denis

2 **Quem está com os olhos fechados?**
a) Emmanuel
b) Jesus
c) Chico Xavier
d) Léon Denis

3 **Quem está sentado ao lado de Allan Kardec?**
a) Jesus e Léon Denis.
b) Jesus e Bezerra de Menezes.
c) Jesus e Emmanuel.
d) Jesus e Joanna de Ângelis.

4 **Quem usa bigode e óculos?**
a) Emmanuel
b) Jesus
c) Chico Xavier
d) Léon Denis

5 **Além de Allan Kardec, quem está sorrindo com a boca aberta?**
a) Emmanuel
b) Jesus
c) Chico Xavier
d) Léon Denis

6 **Qual é a cor dos sapatos de Joanna de Ângelis?**
a) Vermelho
b) Marrom
c) Azul
d) Preto

7 **Qual é a cor das sandálias de Emmanuel?**
a) Vermelho
b) Marrom
c) Azul
d) Preto

8 **No desenho, quem está no lado do bolo?**
a) Emmanuel
b) Jesus
c) Chico Xavier
d) Léon Denis

9 **No desenho, quem está com o suco?**
a) Emmanuel
b) Jesus
c) Chico Xavier
d) Léon Denis

10 **Quantas nuvens aparecem no desenho?**
a) Uma
b) Duas
c) Três
d) Nenhuma

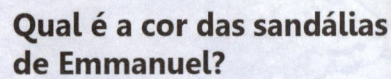

Chico Xavier gostava muito de seus cachorros.

As respostas estão na última página.

35 QUIZ ESPÍRITA

Labirinto

Ajude o Chico a encontrar o seu cachorrinho.

36 QUIZ ESPÍRITA

As respostas estão na última página.

Quebra Cabeças

Observe o quadro do Mestre de Allan Kardec e seus alunos na escola.

Encontre a peça e coloque o número na ordem certa.

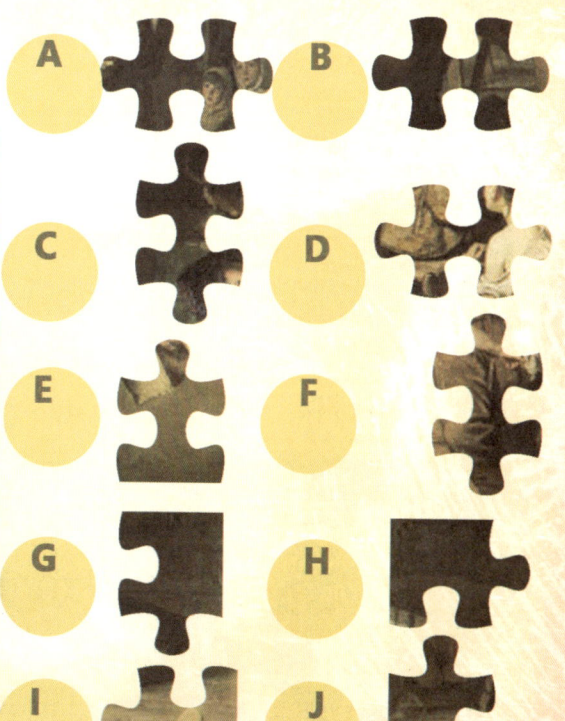

Respostas Quiz

Teste

QUIZ ESPÍRITA	1	Allan Kardec	1d, 2c, 3b, 4a, 5d, 6c, 7c, 8a, 9d, 10b.
QUIZ ESPÍRITA	2	Chico Xavier	1b, 2c, 3d, 4b, 5c, 6a, 7b, 8b, 9c, 10a.
QUIZ ESPÍRITA	3	Emmanuel	1b, 2c, 3d, 4b, 5c, 6a, 7d, 8b, 9b, 10a.
QUIZ ESPÍRITA	4	André Luiz	1a, 2c, 3d, 4b, 5b, 6a, 7d, 8b, 9d, 10a.
QUIZ ESPÍRITA	5	Joanna de Ângelis	1b, 2a, 3d, 4d, 5c, 6a, 7d, 8d, 9c, 10c.
QUIZ ESPÍRITA	6	Divaldo Franco	1a, 2c, 3d, 4a, 5a, 6d, 7c, 8d, 9c, 10b.
QUIZ ESPÍRITA	7	Lugares	1d, 2b, 3d, 4a, 5b, 6b, 7b, 8b, 9d, 10c.
QUIZ ESPÍRITA	8	Datas	1a, 2c, 3c, 4a, 5b, 6c, 7d, 8b, 9a, 10b.
QUIZ ESPÍRITA	9	Personagens 1	1c, 2d, 3b, 4c, 5a, 6a, 7a, 8b, 9a, 10c.
QUIZ ESPÍRITA	10	Personagens 2	1c, 2b, 3d, 4c, 5c, 6b, 7b, 8a, 9d, 10a.
QUIZ ESPÍRITA	11	Curiosidades	1c, 2a, 3d, 4d, 5d, 6a, 7c, 8d, 9c, 10c.
QUIZ ESPÍRITA	12	Conceitos	1d, 2a, 3a, 4b, 5b, 6a, 7c, 8d, 9b, 10b.
QUIZ ESPÍRITA	13	Filmes 1	1c, 2b, 3b, 4d, 5c, 6b, 7b, 8c, 9d, 10a.
QUIZ ESPÍRITA	14	Filmes 2	1d, 2b, 3a, 4a, 5c, 6b, 7b, 8c, 9c, 10b.
QUIZ ESPÍRITA	15	Ciências	1d, 2d, 3a, 4d, 5d, 6c, 7b, 8c, 9b, 10a.
QUIZ ESPÍRITA	16	Espíritos	1c, 2b, 3d, 4a, 5a, 6a, 7c, 8d, 9b, 10d.
QUIZ ESPÍRITA	17	Autores 1	1a, 2d, 3a, 4a, 5c, 6a, 7d, 8c, 9b, 10b.
QUIZ ESPÍRITA	18	Autores 2	1d, 2d, 3b, 4c, 5b, 6b, 7d, 8a, 9b, 10d.
QUIZ ESPÍRITA	20	Livros 1	1a, 2b, 3c, 4a, 5d, 6d, 7c, 8c, 9a, 10d.
QUIZ ESPÍRITA	21	Livros 2	1b, 2c, 3a, 4a, 5a, 6c, 7a, 8d, 9c, 10b.
QUIZ ESPÍRITA	22	Frases 1	1c, 2a, 3a, 4d, 5d, 6c, 7a, 8b, 9a, 10b.
QUIZ ESPÍRITA	23	Frases 2	1d, 2c, 3a, 4d, 5d, 6c, 7b, 8c, 9b, 10a.
QUIZ ESPÍRITA	24	O Livro dos Espíritos 1	1d, 2b, 3c, 4c, 5c, 6b, 7d, 8b, 9c, 10a.
QUIZ ESPÍRITA	25	O Livro dos Espíritos 2	1b, 2a, 3a, 4b, 5b, 6a, 7c, 8b, 9c, 10a.
QUIZ ESPÍRITA	26	O Livro dos Médiuns	1d, 2a, 3b, 4b, 5a, 6a, 7c, 8d, 9b, 10b.
QUIZ ESPÍRITA	27	O Evangelho seg. o Esp.	1a, 2b, 3c, 4d, 5a, 6b, 7a, 8a, 9b, 10d.
QUIZ ESPÍRITA	28	O Céu e o Inferno	1d, 2a, 3a, 4c, 5c, 6b, 7c, 8a, 9c, 10c.
QUIZ ESPÍRITA	29	A Gênese	1c, 2a, 3a, 4d, 5c, 6c, 7c, 8a, 9c, 10c.
QUIZ ESPÍRITA	34	Teste de Memória	1c, 2c, 3a, 4d, 5c, 6c, 7b, 8c, 9d, 10a.

Respostas Desafios

QUIZ ESPÍRITA 19

Palavras Cruzadas

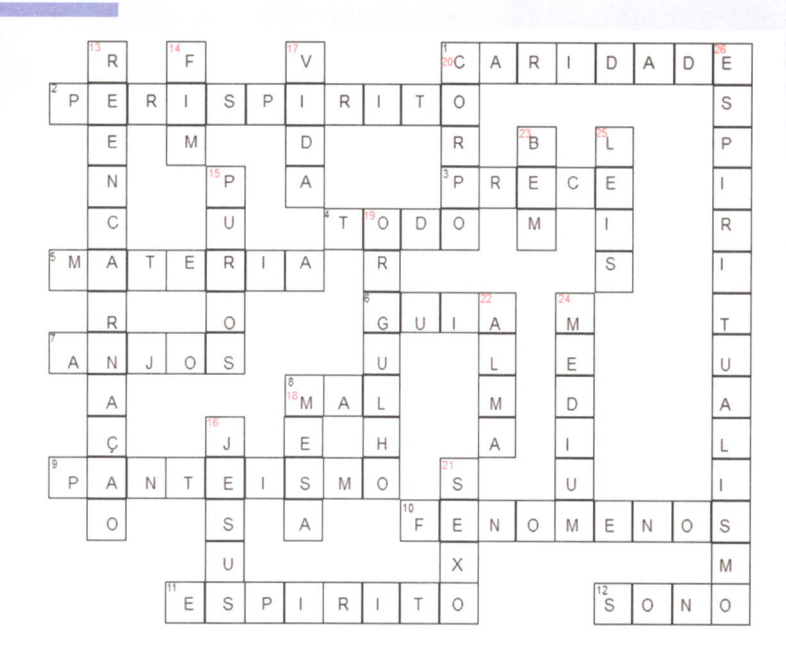

QUIZ ESPÍRITA 30 Caça Palavras

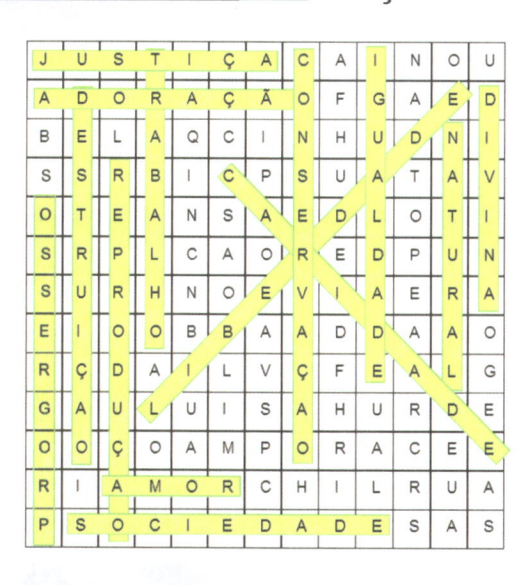

QUIZ ESPÍRITA 35 Labirinto

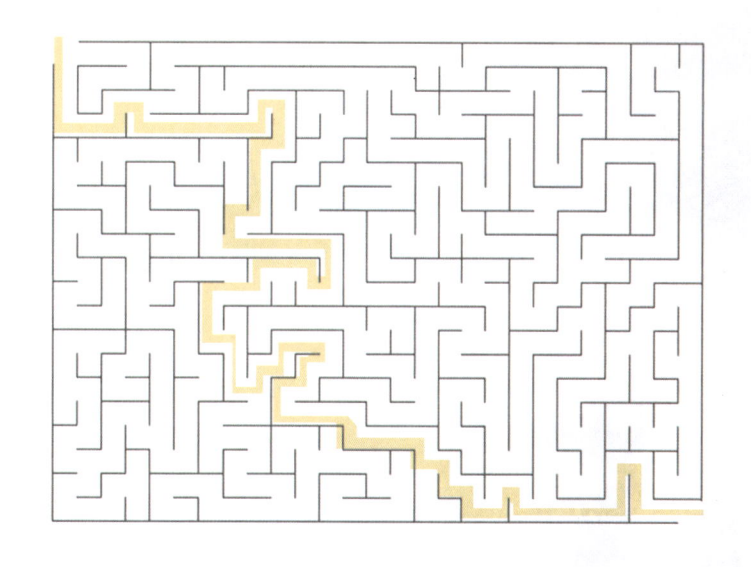

QUIZ ESPÍRITA 31 Psicografia Especular 4, 6, 7, 9, 1, 8, 2, 10, 5, 3.

QUIZ ESPÍRITA 32 Pintura Mediúnica

Van Gogh 3, 15, 27, 17	Rembrand 23, 29, 11, 4
Pisarro 9, 19, 7, 26	Picasso 6, 32, 24, 18
Miró 20, 14, 28, 1	Modigliani 5, 13, 21, 25
Renoir 30, 22, 16, 12	T. Lautrec 8, 10, 2, 31

QUIZ ESPÍRITA 33 Biblioteca 8, 5, 1, 6, 3, 7, 9, 2, 10, 4.

QUIZ ESPÍRITA 36 Quebra Cabeças A6, B9, C4, D8, E2, F5, G1, H3, I10, J7.

Luis Hu Rivas

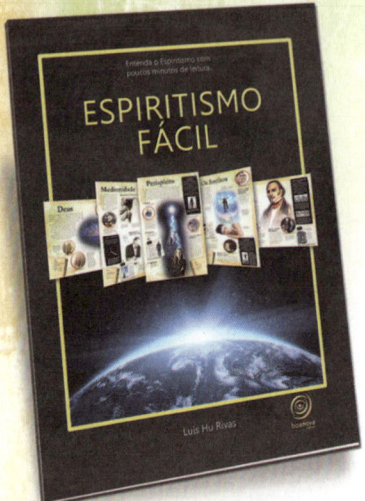

Catanduva-SP 17 3531.4444 | boanova@boanova.net | São Paulo-SP 11 3104.1270 | boanovasp@boanova.net
Sertãozinho-SP 16 3946.2450 | novavisao@boanova.net | www.boanova.net | www.facebook.com/boanovaed

Mais informações sobre o autor: **www.luishu.com**